図書館版

大人になってこまらない

マンガで身につく

マナーと礼儀

監修
辰巳 渚

マンガ・イラスト
池田 圭吾

金の星社

プロローグ

正くんがひっこしてきた

もくじ

はじめに ... 2
プロローグ この本に出てくる人たち ... 12

第1章 基本のあいさつ編

あいさつから始まる、人との「わ」 ... 14
Let'sシミュレーション！ あいさつのない世界 ... 16
LESSON いろいろなあいさつ ... 18
"ありがとう""ごめんなさい"は魔法の言葉 ... 20
クイズ あいさつはなんて言うの？ ... 22
LESSON あいさつを自分からしてみよう！ ... 24
LESSON 知らない人に話しかけられたら… ... 25
コラム ドースル！？ ... 26

第2章 家の中編

ぬいだくつをそろえよう！ ... 28
Let'sシミュレーション！ ぬぎっぱなしってどう思う？ ... 30
LESSON 洗たくものの出し方・しまい方 ... 31
モノや資源を大切にしよう！ ... 32
Let'sシミュレーション！ モノや資源の気持ちになってみよう ... 34
LESSON モノや資源を大切にするって？ ... 35
モノを使ったら元の場所にしまう！ ... 36
クイズ こんなときはドースル？ ... 38
LESSON モノにはふさわしい場所がある！ ... 39

LESSON ゴミはルールを守って捨てよう！ ... 40
LESSON 使ったあとはここをチェック！ ... 42
おふろ場&洗面所&トイレのマナー ... 45
マナーを守るともっとおいしい！ ... 46
LESSON 基本的な食事のマナー ... 48
LESSON タブーな箸の使い方 ... 51
規則正しい生活をしよう ... 52
Let'sシミュレーション！ 不規則な生活のゆくすえ ... 54
LESSON 規則正しく過ごしてハッピーに！ ... 55
おでかけまえは身だしなみチェック ... 56
LESSON 身だしなみって大切だね ... 58

第3章 学校編

授業中のルールを守ろう ... 60
LESSON 授業中のルールって？ ... 62
休み時間のルール ... 64
LESSON 気をつけよう！ 休み時間のルール ... 66
職員室・保健室に行くときのマナー ... 68
LESSON 職員室に行くときのマナー ... 70
LESSON 保健室に行くときのマナー ... 71
整理整頓して大切に！ ... 72

第4章 友だちの家編

遊びに行くまえに ... 74

第5章 おでかけ編

- コラム ドースル！？ 友だちの家に泊まるとき ……… 82
- 友だちの家でのマナー
  - LESSON 友だちの家でのマナーって？ ……… 80
- Let's ウォッチング！ やるべきことを先にやると… ……… 78
  - 遊びに行くときのルール ……… 77
- 乗りものに乗るときのマナー
  - LESSON 乗りものでのマナー ……… 76
- 交通ルールを守って安全に
  - LESSON 安全第一！道を歩くときのルール ……… 84
  - LESSON 自転車に乗るときのルール ……… 86
  - クイズ 交通安全 キミならドースル？ ……… 88
- マナーを守って楽しくショッピング
  - LESSON ショッピングのマナー ……… 90
  - LESSON レストランでのマナー ……… 91
- マナーよく芸術鑑賞♪
  - LESSON 映画館や美術館のマナーって？ ……… 92
  - 公共の場でのマナー ……… 94

第6章 コミュニケーション編

- 人の話をさえぎらない！
  - Let's シミュレーション！ 話をさえぎられたら、どう思う？ ……… 96
- LESSON 聞き上手さんを目指そう！ ……… 97
- 自分の意見をおしつけない
  - LESSON いろいろな考え方を受け入れよう ……… 98
  - 相手の気持ちを想像してみよう！ ……… 99
- 勝負は楽しく、気持ちよく！
  - Let's シミュレーション！ こんな子がいたらどう思う？ ……… 100
  - LESSON くやしい気持ちをコントロールしてみよう！ ……… 102
- みんなと仲良くしよう！
  - LESSON みんなと仲良くするには？ ……… 104
- ていねいな言葉づかいをしよう！
  - LESSON こんなときはていねいに話そう ……… 105
  - クイズ こんなときはなんて言うの？ ……… 106
  - いろいろな敬語 ……… 108
  - 番外編「花子、お届けものにチャレンジ」の巻 ……… 109
- 家族に伝えるって大事だね！
  - Let's シミュレーション！ 伝えないとどうなる？ ……… 110
  - LESSON「報・連・相」を大切に！ ……… 112
- 信頼されるってどういうこと？
  - Let's シミュレーション！ うそつきくんと約束やぶりさん ……… 113
  - LESSON 信頼されるってなんで大事？ ……… 114
- スマホ・パソコンはどう使えばいい？
  - LESSON スマホやパソコンを使うときの注意 ……… 116
  - LINEやSNSとのつきあい方 ……… 118

エピローグ ……… 120

おわりに ……… 122

この本に出てくる人たち

物草 花子
- めんどうくさがりですこしズボラだけど、素直で心やさしい女の子。
- 小学校5年生。
- しゅみはマンガを読むこと。好きなマンガは「それいけハッチン」。
- 好きな食べものはソースせんべい。
- 将来の夢は動物のお医者さん。

マナミン
- 花子をマナー教育するため、マナー星から地球へやってきた宇宙人（マナー星では、だらしないだれかを教育しないと学校を卒業できないのだ！）。
- 怒ると人格が変わる。
- 「BABYPUNKS」というアイドルパンクバンドのファン。

モモコ
- マナミンのペットであるモモンガの妖精。マナー星では、マナミンの教育係だった。
- ムササビによくまちがわれることを気にしている。

礼儀 正
- 花子のとなりの家にひっこしてきた男の子。
- 小学校6年生。
- とても礼儀正しく、さわやかなイケメン。
- 学校のサッカー部ではキャプテンをつとめる。
- 犬が近づくと、様子が急変する!?

物草 太郎
- いつも元気いっぱいな花子の弟。やんちゃでだらしない。
- 小学校3年生。
- 正にあこがれている。
- 将来の夢は電車の運転士。

物草家

物草 晴子
花子のお母さん。スイーツを食べながら海外ドラマを見るのがストレス発散方法。

物草 四郎
花子のお父さん。サラリーマン。ものぐさでやりっぱなしが多い。

ハチ
物草家のペット。温厚で人なつっこい。なぜだか、となりに住む正が大好き。

花子のクラスメイト

九条 エミ
花子の幼なじみ。ピアノが上手。整理整頓がとくいで礼儀正しい。

消極 もじ子
はずかしがり屋で、あいさつが苦手な同級生。しゅみは仏像鑑賞。

はじめに

▶ **できることをちょっとずつ積み重ねよう**

この本では、キミの世界を広げ、ステキな大人になるために
知っておいたほうがいいマナーや礼儀をまとめているよ。
実践すれば、自分にとっていいことがたくさんあるはず。
マナーや礼儀は、1日1日の積み重ねが大切なんだ。
はじめは意識しないとできなかったことも、
それがしだいに身について、
キミの自然なふるまいになっていくよ。

▶ **住んでいる地域や家庭によって
やり方がちがうこともあるよ**

この本に書かれたマナーや礼儀は一般的なものだけど、
住んでいる地域や家庭によって、
ちがうことがあるかもしれない。
そういうときは、家の人にどうしたらいいか
改めて確認してみよう。
やり方はちがったとしても、
マナーの基本は「まわりの人をイヤな気持ちにさせない」こと。
相手を思いやる行動であれば、だいじょうぶだよ。

第1章

基本のあいさつ編

Let's シミュレーション！
あいさつのない世界

そんな世界イヤだよね！

 近所で…

こ、こんにちは!!

……

正の母

 朝起きて…

太郎、おはよー！

……

きらわれているのでしょうか

ああぁ…

お母さま〜

あいさつされないと、**不安な気持ち**になるよね。

無視された!?

ムカつく〜

朝から感じ悪すぎ!!

おはようなんて言わなきゃよかった

あいさつされないと、朝からとても**イヤな気分**！

あいさつがないと、
もはや恐怖でしかない。

あいさつがないと、
教室も暗い雰囲気。

マナミンMEMO

あいさつの ない世界では
始まらない
"フォーリンラブ" と 3つの "わ"

いろいろな あいさつ

近所の人に会ったら

はずかしかったら、頭をさげる「えしゃく」だけでもOK。

朝起きたら

1日を気持ちよく過ごせるように、元気よく言おう。

家に帰ってきたら

無事に帰ってきたことがわかると安心だね！

でかけるときは

「元気に帰ってくるね（きてね）」の気持ちをこめて。

まわりの人とうまくやるためには、あいさつが大事モモ！

夜寝るまえに

1日の締めくくり。「今日も1日ありがとう」の気持ちを伝えよう。

友だちと別れるときは

「また会おうね！」という気持ちをこめて言おう。

あいさつすると・・・

 輪が生まれる
　「輪」は人とのつながり。あいさつをして、「輪」を広げよう！

 和が生まれる
　「和」は仲良くすること。あいさつをすれば、もっと親しくなれるよ！

 話が生まれる
　あいさつから「輪」が広がり「和」が深まると、「話（はなし）」もはずむね！

クイズ
こんなときはなんて言うの？

Q1 知らない人にぶつかっちゃったら？

1. 「ほら、痛くない！（ニコッ）」と相手をなだめる。
2. 「ごめんなさい」とすぐに謝る。
3. 知らない人と話してはいけないので、無言で逃げる。

正解は 2
「ごめんなさい」とすぐに謝る。
知らない人でも、なにか相手に迷惑なことをしてしまったときは「ごめんなさい」と言おう。なにも言われないと、相手がイヤな気持ちになるよ。

Q2 まえの人がドアをおさえて待ってくれていたら？

1. 「そんなやさしさは不要ですわ」と言ってえんりょする。
2. 「わたしもえらくなったもんだ」と自分をほめる。
3. 「ありがとうございます！」とすぐにお礼を言う。

正解は 3
「ありがとうございます！」とすぐにお礼を言う。
まえの人がお店のドアをおさえておいてくれるのは、あなたに対する思いやり。きちんと、「ありがとう」と言って通ろう。

あいさつを自分からしてみよう！

疲れているお父さんに

明るく声をかければ、相手が元気になってくれるかも！

あいさつが苦手なモジ子に

自分からあいさつして、相手の心をすこしずつやわらかくしよう！

マナミンMEMO

自分から　明るくあいさつ　してみれば
暗い空気に　火が灯る

ドースル!? 知らない人に話しかけられたら…

コラム

鉄則1 見知らぬ人に名前を呼ばれても、信用してはダメ！

世の中には、知りあいのふりをして声をかけてくる悪い人もいるんだ。子どもの流行なども知っていたりして、つい話にのってしまいそうになるけど、絶対にダメ！

鉄則2 「わかりません」「イヤです」とはっきり言うこと！

知らない人から声をかけられたら、とにかく「わかりません」「知りません」「イヤです」とはっきり大きな声で言おう。目をあわせなくてもいいからね。

鉄則3 なるべくきょりを置き、危険を感じたら大声を出して走って逃げる！

とにかく近づかれないようにしよう。すこしでも危険だと感じたら、大声を出して全力で走って逃げて。ふだんから近所の大人と仲良くしていると、いざというとき安心だよ。

第2章

家の中編

Let's シミュレーション！
ぬぎっぱなしってどう思う？

お気に入りの1着が**なくなってしまう**かも？

散らかって見えるし、通るときにも**じゃま**。

ぬいだ服を置く場所を決めておくと**つぎに探しやすい**。

しまう＆そろえると**玄関すっきり**。

マナミンMEMO

くつや服
ぬぎっぱなしはだらしない
きれいにそろえて
マナー美人

ぬいだあとも気を配れるとエレガントだモモ！

洗たくものの出し方・しまい方

ルール1 そでやくつ下が丸まったままにしないこと！

ぬいだままのお団子状態だと、しわにもなっちゃうし、あとでもう一度着るときに結局のばさないといけない。そのまま洗たくしてしまうと、汚れも落ちづらくなるよ。

ルール2 決められた場所に決められたルールで出す！

衣類が傷まないように、うら返して洗たくする家もあるよ。どこに出しておくのかなどもふくめて、家の人にルールを確認しよう！

ルール3 とり出しやすさを考えてしまおう！

タンスには、ずらしながら重ねて入れたり、立てて入れたりするのがおすすめ。選びやすく、とり出すときもぐちゃっとなりづらいよ。

> マナミンも昔は、マントを玄関にぬぎ捨ててたモモね？

> それは言わない約束でしょ！

Let's シミュレーション！
モノや資源の気持ちになってみよう

モノ

モノをちゃんと管理できているかな？

資源

水や電気などの資源には限りがあることを忘れないで！

モノや資源を大切にするって？

ルール1 「また買えばいいや」と思わない

モノを買ったり、水や電気などを使ったりするにはお金がかかる。モノをつくってくれた人や限りある資源に感謝して、大切に使おう。

ルール2 ていねいにあつかう

乱暴にあつかうと、こわれてしまうよ。すこしでも長く使えるよう、ていねいにあつかおう。

ルール3 やりっぱなしにしない

やりっぱなし、出しっぱなしにするのはモノをそまつにしている証拠。ちゃんと置き場にもどして、モノを大事にしよう（くわしくは36～39ページも見てね）。

ルール4 まだ使えるモノは適切に処分する

まだ使える不用品は、使いたいお友だちを探してあげたり、フリーマーケットやバザーに出したりしよう。だれかがきっと待っているはず！

こんなときはドースル？

床に丸めたティッシュが落ちていたら？

1. 汚いから見なかったことにする。
2. 太郎を呼んで片づけさせる。
3. 自分で拾ってゴミ箱に捨てる。

正解は 3 自分で拾ってゴミ箱に捨てる。
「わたしじゃないもん」なんて言わず、気がついたら拾って捨てよう。みんなのために率先して片づけられるって、かっこいい！

図書館で借りようと思って持ち歩いていた本、やっぱり借りるのやめた！こんなとき、ドースル？

1. 元の場所にもどす。
2. めんどうくさいので、そのへんにそっと置く。
3. 仕方ないので借りることにする。

正解は 1 元の場所にもどす。
ジャンル分けされて置かれているのに、おかしなところにもどしたら、読みたい人が探せなくなっちゃうよ。スーパーでも、買うのをやめた商品は元の場所にもどそう！

LESSON

モノには ふさわしい場所 がある！

ルール1　使ったあとは、元の場所へ！

つめ切りやばんそうこう、ティッシュやリモコンなど家族みんなで使うモノは、使ったら元の場所。つぎの人が探さずにすむように、ルールを守ろう！

ルール2　ゴミはすぐさまゴミ箱へ！

食べたお菓子の包み紙なども、すぐにゴミ箱に捨てる習慣をつければ、部屋が散らからないよ。

ルール3　自分のモノの置き場所を考える

とり出しやすさ、しまいやすさを考えて、「筆記用具はココ！」など、置き場所をそれぞれ決めよう。

マナミンMEMO

つぎ使う人の気持ちを考えて元の場所へともどすべし

マナミンも、もどるべき場所があるんじゃないの？

まだまだマナー星には帰らないわよ！

第2章　家の中編

ゴミはルールを守って捨てよう！

ゴミの分別方法は住んでいる地域によってちがうから、ルールを確認して捨ててね！

ゴミの分別例

燃やせるゴミ

生ゴミ

紙くず

ビニール袋

ボロ布

衣類

ダメージがすくない衣類はリサイクルできる。かわいた状態で回収してもらおう。

燃やせないゴミ

ガラス

金属

小型家電

CD・DVD

ゴム製のモノ

かさ

ゲームソフト

ペットボトル

このマークがついているものは、リサイクルできる。

ラベルをはがし軽く水洗いして、キャップはプラスチックゴミへ。

プラスチック

このマークがついているものは、リサイクルできる。

マークはパッケージのうらについていることが多いからチェックしよう。

紙類

雑誌

新聞

段ボール

お菓子の箱

紙コップや紙皿は防水加工されていてリサイクルできないから、燃やせるゴミへ！

缶

このマークがついているものはリサイクルできる。

スプレー缶はリサイクルできないので、使いきって燃やせないゴミへ。シューという音が聞こえなくなるまで出しきろう。

乾電池

ほかのゴミといっしょにせず、乾電池だけでまとめて捨てる。

LESSON
使ったあとはここをチェック！

おふろ場

バスタブにかみの毛やゴミが浮いていない

排水口にゴミがたまっていない

使ったモノを元の場所にもどした

洗面所

歯ブラシなどを決められた場所にもどした

流しに落ちてしまったかみの毛を捨てた

飛び散ってしまった水しぶきをふいた

トイレ

きちんと流れたのを確認した

汚れや飛び散った水しぶきをふいた

つぎの人のトイレットペーパーが残っている

基本的な食事のマナー

食事のまえに

手を洗おう

汚い手で食事をしていると、いっしょに食べている人がイヤな気持ちになるよ。衛生的にもよくないから、かならず手を洗おう！

ごはん、おかずを正しく並べよう

ごはんは左側、みそ汁などの汁ものは右側に置く。メインの魚や肉のおかずを「主菜」、煮物やサラダ、和えものなどを「副菜」というよ。

「ならべるのをおてつだいしてくれると助かるわ〜」

副菜① / 副菜② / 主菜 / ごはん / 箸 / 汁もの

食事中

食べるまえに「いただきます」

こぼさないように気をつける

食器で大きな音を立てない

かんでいるときは口を閉じる

ひじをつかない

食べながらしゃべらない

好き嫌いせず、残さず食べる

下品な話をしない

食卓でゲップをしない

席を立たない

食べおわったら

「ごちそうさま」を忘れない

食器を片づける

タブーな箸の使い方

✘ 指し箸
➡ 箸で人やモノを指す
箸で指すのはマナー違反！

✘ 寄せ箸
➡ 箸で食器を引き寄せる
食器は手に持って動かすこと！

✘ 箸わたし
➡ 箸と箸で食べものを受けわたす
箸ではなく食器にとってわたそう！

✘ かみ箸
➡ 箸先をかむ
箸自体をかむのはダメだよ！

✘ 刺し箸
➡ 料理に箸を突き刺す
箸は食べものをつまんで使うもの！

✘ たたき箸
➡ 食器やテーブルを箸でたたく
箸はたいこのバチではないよ！

マナーを守って みんなで楽しく 食べるモモ！

マナミンMEMO
お食事の
マナーを守って　いとおしい
心に染みいる　栄養素

Let's シミュレーション！
不規則な生活のゆくすえ

わたしには見える
モモ・・・

夜ふかし花子のゆくすえ

むだに時間が過ぎる　　　　朝寝坊する

朝ごはんを食べない花子のゆくすえ

体がだるい　　　　頭がはたらかない

テレビやゲームばかりの花子のゆくすえ

勉強時間が足りなくなって、　　　目が悪くなる
テストの点数が下がる

LESSON 1

規則正しく過ごしてハッピーに！

●ハッピーのひけつ❶●
早寝早起きしよう！

スッキリ起きられると、1日が気持ちよく過ごせる。今まで寝ていた時間が使えるから、なにをしようかワクワクするね。

●ハッピーのひけつ❷●
3食しっかり食べる

食事はパワーの源。1日3回朝・昼・晩、決まった時間に食べるようにすると、元気に過ごせてますますハッピーになるよ！

●ハッピーのひけつ❸●
うがい・手洗いをする

健康にも気をつけよう。1日2〜3回、1回15秒のうがいが病気の予防に役立つといわれているよ。手洗いはつめの先までしっかりと。

●ハッピーのひけつ❹●
時間を決めて遊ぼう！

テレビやゲームは決められた時間内で楽しもう。集中して楽しみ、やるべきことをちゃんとやると、ますます充実した1日になるね。

身だしなみって大切だね

OK

きれいに洗たくされてシワのない服は、清潔感があって好印象。顔を洗って寝ぐせを直し、歯みがきしたら、さあ出発！ ハンカチ、ティッシュも忘れずにね。

NG
- かみの毛がボサボサ
- ハンカチがなくて汗をふけない
- 洋服がシワくちゃ
- くつのかかとをふんでいる

せっかくおしゃれな洋服を着ていても、シミがついていたりシワくちゃだったりすると台無し！ かみの毛もボサボサだとだらしなく見える。

マナミンMEMO

シワのばし
背筋のばして
あなたを想う
おしゃれする
乙女の心♡

同じ洋服でも、こんなに印象がちがうモモ！

第3章

学校編

授業中のルールを守ろう

LESSON
授業中のルールって?

ルール1 チャイムがなったら席に着く

席に着かないと、授業が始められないよ。

ルール2 勝手に席を立たない

授業が中断してしまうよ。

ルール3 先生の話をしっかり聞く

授業中はちゃんと勉強しよう。

ルール4 いねむりしない

授業をしてくれている先生に失礼だよ。

ルール5 おしゃべりしない

まじめに授業を聞いている友だちに迷惑だよ。

ルール6 体調が悪くなったら先生に言う

トイレに行きたくなったときも、無理せず言おう。

ルール7 発言したいときは手を挙げる

勝手に発言するのはダメ！

正しい手の挙げ方

指先まできれいにのばして、高く手を挙げよう。

ルール8 先生に指名されてから発言する

好き勝手に発言すると、だれがなにを言っているかわからないよ！

ルール9 友だちの発言をちゃんと聞く

自分が話すときも、聞いてもらえなかったらイヤだよね？

ルール10 まちがった人を笑わない

だれだってまちがうことはある。

マナミンMEMO

授業中
勉強、集中していれば
成績上昇　気分も上々

学校にムササビはきてはダメです

ムササビじゃないモモー！

第3章　学校編

LESSON

気をつけよう！休み時間のルール

ルール1 ろうかは走らない

走っていいのは校庭と体育館だけ。

ルール2 広がって歩かない

ほかの人たちが通りづらいよ。

ルール3 階段で遊ばない

危ないからダメ！

ルール4 ろうかですわり込まない

通る人のじゃまになるよ。

ルール5 遊具はゆずりあって

遊具はみんなのものだよ。

ルール6 横入りしない

順番を守って仲良く遊ぼう。

ルール7 まわりに気をつけて遊ぶ

ボールを人にあてたり、ぶつかったりしないよう注意。

ルール8 花だんなどには入らない

お花を育ててくれている人の気持ちを考えよう。

図書室では

静かにする
読書や勉強をしている人に迷惑！

本を大切にする
やぶくのも、落書きもダメ！

読んだ本は元の場所に
借りたい人がこまってしまうよ！

返却日を守る
みんなが借りられるようにね！

マナミンMEMO

休み時間　けがせず　ルールを守ったら
気分そうかい　キミもゆかい

第3章　学校編

LESSON

職員室に行くときのマナー

正くんのOKマナーをのぞき見するモモ〜

①

 入るまえにドアをノック。これ大事モモ！

②

 あいさつして名前を名乗る流れ、さすがモモ！

③

 言葉づかいもていねいですばらしいわ〜

④

 おじぎもちゃんとしてる！

⑤

 むむ、ライバル多すぎる…

 ドアの閉め方も静か！かんぺきモモ！

 かっこよくてマナーも満点♪　そりゃ、モテるよね

LESSON 1

保健室に行くときのマナー

またもや正くんのOKマナーをのぞき見するモモ～

①
先生、ひじをけがしたので保健室に行ってきます

 急にいなくなると先生も心配。Good モモ！

②
失礼します

 入るまえにノック。ぬかりはないモモね。

③
サッカーの練習中にひじをけがしました

 体の様子をわかりやすく伝えるモモ！

④
動かないでネ～

 寝ている人もいるから、静かにしなきゃね！

⑤
ありがとうございました
おだいじに～

 お礼もしっかり忘れない。あっぱれ！

 くやし～ 正くんのひじ、わたしが消毒してあげたい

 保健室のモノは、勝手にさわっちゃダメだからね！

第3章 学校編

> みんなのモノと場所だから

整理整頓して大切に！

学校の遊具やボール、机などの備品はみんなのモノ。つぎに使う人のことを考えて、ていねいにあつかおう。また、自分のモノは決められた場所に整理しよう。

 落書きする

 乱暴にあつかう

 自分のモノを散らかす

 そうじ用具で遊ぶ

> みんなで使うモノや場所だということを忘れちゃダメモモ！

マナミンMEMO

想い人も　この子も使う
モノだから
大事にあつかい　ああ幸せ

第4章

友だちの家編

Let's ウォッチング！

やるべきことを先にやると…

●こんないいこと❶ 帰る時間まで思いきり遊べる

先にやると
宿題のことを忘れて、思う存分楽しめるね！

やらないと
先に遊ぶなら、宿題の時間を決めて早く帰ろう。

●こんないいこと❷ 「宿題忘れた！」なんてことになりづらい

先にやると
明日の準備までしておけば、かんぺきだね！

やらないと
あとまわしにすると、うっかり忘れる可能性も。

●こんないいこと❸ 規則正しい生活ができ、さらに元気に

先にやると
睡眠をしっかりとれるから、毎日元気いっぱい！

やらないと
あとまわしにすると、寝る時間がおそくなってしまうかも。

正さん、カッケー！
男でもあこがれるぜ

さすが正くん♥
太郎も見習いなさいよ！

遊びに行くときのルールは
ほかにもあるわよ

遊びに行くときのルール

ルール1　行き先と帰る時間を家の人に伝える

どこでなにをしているのかわからないと、家の人が心配するよ。帰る時間も伝えよう。

ルール2　危険な場所や禁止されているところには行かない

ゲームセンターなど子どもだけで行ってはいけないところや、工事現場のような危ない場所に近づかない。

ルール3　家の人と約束した時間に帰る

家で決められている門限はかならず守ろう。おそくなってしまいそうなときは、きちんと連絡すること。

友だちの家でのマナーって？

マナー1 元気にあいさつをする

友だちの家の人の目を見て、ていねいにあいさつしよう。

マナー2 ぬいだくつをそろえる

くつの先をドアのほうにむけてそろえる。はしに寄せると、さらにGood!

マナー3 家のモノを勝手にさわらない

冷蔵庫はもちろん、友だちの机も勝手に開けてはダメ。

マナー4 おやつを自分からさいそくしない

のどがかわいたときは、「お水ください」とお願いするのがマナー上級者。

マナー5 なにかをもらったらお礼を伝える

なにかいただいたりしたらお礼を言い、帰宅後、家の人に伝えよう。

マナー6 勝手にほかの部屋に入らない

かくれんぼをするときも、通された部屋以外に入ってはいけないよ！

マナー7 帰るまえに片づける

帰る時間が近づいてきたら片づけをして、きれいにしてから帰ろう。

マナー8 きちんとあいさつをして帰る

あいさつしないで帰ってしまうのはマナー違反！

マナミンMEMO
友だちの家でもマナーを守ってね 楽しく過ごしてまた遊ぼう！

これだけ守れれば太郎もバッチリモモ！

ずるい!! わたしも行きたい！

ドースル!? 友だちの家に泊まるとき

マナー1 家の人の許可をとろう

泊まりに行く場合もきてもらう場合も、家の人に確認しよう。友だちの親がOKしているか、家の人に確認してもらってね。

マナー2 持たされた手土産はすぐわたそう

家の人に、ジュースやお菓子などの手土産を持たされたら、友だちと勝手に飲んだり食べたりせず、友だちの家の人にすぐわたそう。

マナー3 泊まりに行く家のルールにしたがう

友だちの家には、友だちの家のルールがある。自分の家とちがっても、その家のやり方にしたがおう。

マナー4 はしゃぎすぎて大声を出さない

友だちと過ごす夜はとても楽しいね。でも、家にはほかの家族もいるし、近所迷惑にもなるから、声はおさえめで楽しもう。

第5章

おでかけ編

乗りものでのマナー

乗るときは

ドアのわきに順番に並び、人が降りてから乗る。

降りたい人が降りられないし、ぶつかるなどトラブルのもと。

シートにすわるときは

たくさんの人がすわれるように、きちんとつめてすわろう。

だらしないし、ほかの人がすわりにくい。

シートにすわらないときは

吊り革や手すりをもち、じゃまにならない場所に立とう。

ほかの人のじゃまになるからダメ。

お年寄りや体の不自由な人を見かけたときは

声をかけて席をゆずろう。

妊婦さんや小さな子どもを抱っこしている人にもゆずろう。

こんなことにも注意！

リュックはまえにかかえるなど、荷物がじゃまにならないように。

食べこぼしやにおいが迷惑になるから飲食はしないこと。

優先席って？

近くにこのような表示のあるシートは「優先席」といって、小さな子どもを連れている人、妊娠中の人、お年寄り、体の不自由な人などが優先的にすわるためのもの。日ごろから気をつけるようにしよう。

大きな声で話さない。ヘッドフォンのボリュームにも気をつける。

ゆずりあいの気持ちが大切モモ！

LESSON 1
安全第一！道を歩くときのルール

交通安全 キミならドースル?

Q1 青信号がチカチカと点滅しているよ。さあ、キミならどうする？

1. 急いで走ってわたる。
2. 次の青信号まで待ってからわたる。
3. 一気に飛べるかチャレンジしてみる。

正解は 2 次の青信号まで待ってからわたる。
青信号がチカチカ点滅するのは、「わたり始めてはいけません」という合図。あわててわたると、自動車が急にくることもあって危険！ 次の青信号までちゃんと待とう。

Q2 どうやらここは歩道がない道路のよう。さあ、キミならどこを歩く？

1. 存在感を示すため、堂々と道路のまんなかを歩く。
2. 自動車、人、自転車、すべて左側を走るのがこの世のルール。
3. 自転車や自動車とぶつからないよう、右側を歩く。

正解は 3 自転車や自動車とぶつからないよう、右側を歩く。
道路のまんなかや左側を歩くと、後ろからくる自動車や左側を走るルールの自転車（92ページ参照）にぶつかってしまうかも！ 歩行者は右側を歩くのがルール。

LESSON

自転車に乗るときのルール

ルール1 原則、車道の左側を通ろう

自転車は「左側を走るのがルール」と法律で決められているよ。※

ルール2 歩道では、車道側をゆっくりと

歩行者にぶつからないよう、すぐに止まれるスピードで車道側を走ろう。

ルール3 自転車マークがあるところは、そこを通ろう

「自転車横断帯」といって自転車専用のエリアだよ。

ルール4 横断歩道は、歩行者に気をつけてわたろう

歩行者がいるときは、自転車をおしてわたろう。

ルール5 暗くなったらかならずライトをつけよう

まわりがよく見えないし、自動車や歩行者からも気づかれにくくて危険！

ルール6 決められた場所にとめよう

歩道や点字ブロックの上などにはとめず、決められた場所にとめよう。

※ ただし、13歳未満の子ども、70歳以上の大人、障害者などは歩道を自転車で走ってもよい。また、それ以外の人でも3m以上幅がある歩道ならOKとされているよ。

こんな乗り方も危険!!

片手運転・手ばなし運転

両手でしっかりハンドルをにぎらないと危ないよ！

ふたり乗り

バランスがとりにくくて危険なので、禁止されているよ。

かさをさして乗る

片手運転にもなるし、まえも見えにくくて危険！

並んで走る

自動車や歩行者のじゃまになり、ぶつかってしまうかも！

乗るまえにチェック！

① ヘルメットはかぶったか。
② サドルの高さはあっているか。
③ ベルは鳴るか。
④ ブレーキはちゃんときくか。
⑤ タイヤに空気は入っているか。
⑥ ライトはつくか。

ショッピングのマナー

マナー1 お店の商品はていねいにあつかおう

お店の商品は買うまではお店のもの。買うときに汚かったら、みんな買いたくなくなるから、むやみにさわらないようにしよう。

マナー2 買うのをやめた商品は元の場所にもどす

お店の商品は、お客さんが見やすく、選びやすいように並べられているんだ。その商品を探している人のためにも、元の場所にもどそう！

マナー3 店内で遊ばない、さわがない

お店は遊び場ではないよ。買いものしている人に迷惑だし、商品をこわしてしまったり、けがをしたりするかもしれないから遊ばないでね。

マナー4 レジの順番を守る

横入りすると、並んでいる人はどう思うかな？ 列の一番後ろに並んで、順番を待とう。一列に並ぶのか、レジごとに並ぶのかもお店によってちがうから注意。

レストランでのマナー

マナー 1 テーブルに置いてあるモノにいたずらしない

テーブルにある塩や砂糖は、使うときに使う分だけとろう。つまようじや紙ナプキンもベタベタさわらないこと。

マナー 2 使った紙ナプキンなどは、はしに寄せる

使用したナプキンは、汚れたほうを内側にしてテーブルのはしに置いておくと、お店の人も片づけやすいね。

マナー 3 食べ放題などでは、食べられる分だけとる

食べ放題で食べきれないほどとってくるのはマナー違反だよ。おなかと相談してとってこよう！

マナー 4 食べおえたら箸は箸置き、フォークはお皿の上

フォーク＆ナイフをお皿の上にそろえて置くのが、ごちそうさまの合図。箸は箸置きに置いて、割り箸の場合は袋にもどそう。

正さん、かっけー！ぼくも見習う!!

マナミンMEMO
お店では　るんるん楽しく
ショッピング
マナーを守って　バッチグー！

LESSON
映画館や美術館のマナーって?

マナー1 静かに鑑賞する

映画館、劇場、美術館や博物館では、小さな声でも気になる人がいるから注意。映画館で飲食するときは、まわりの人の迷惑にならないよう静かに。

マナー2 展示品にさわらない

博物館や美術館の展示品はとても貴重なもの。傷をつけたら大変だから、絶対にさわらないこと。

マナー3 ほかの人のじゃまにならないよう注意する

映画館で立ち上がったり、美術館などで立入禁止のところまで入ったりすると、ほかの人の鑑賞のじゃまになるよ。

> こんなことにも気を配りたい！

公共の場でのマナー

マナー1 かさはふりまわさない！

水滴が飛び散ったり、かさの先が人にささったりしないように。かさは地面に向けて正しく持とう。

マナー2 せきやくしゃみは口元を押さえる

せきやくしゃみが出そうなときは、まわりに飛び散らないようハンカチで口元を押さえよう。

マナー3 人のことを指差さない

人を指差すのはとても失礼なこと。指を差された相手にとってみれば、いい気持ちはしないよ。

マナー4 ゴミが出たら持ち帰る

ゴミを道に捨ててはダメだよ。ゴミ箱に捨てるか、ゴミ箱がない場合は、家に持って帰ろう。

まわりに人がいることを忘れないようにしなくちゃね！

マナミンMEMO

たくさんの人が行き交う場所だからまわりへ気配り　忘れずに

第6章

コミュニケーション編

人の話をさえぎらない！

Let's シミュレーション！
話をさえぎられたら、どう思う？

話を聞いてくれると

話を聞いてくれるとうれしいし、**会話も発展していく**ね。

さえぎられると

話をさえぎって自分の話ばかりする子とは、**もう話したくなくなる**かも。

楽しく会話するひけつ
人の話をさえぎらず、最後までじっくり耳をかたむける
→
聞き上手さんを目指そう！

聞き上手さんを目指そう！

STEP ❶ 相手の顔を見ながら話を聞こう

そっぽを向いていると、話を聞いていないと思われてしまうよ。目を見るのが恥ずかしければ、おでこのあたりを見よう。

STEP ❷ あいづちを打とう

なんの反応もないと、「聞いてない」と思われてしまうかも。「うんうん」とうなずいたり、「それ、いいね！」などとあいづちを打ったりしよう。

STEP ❸ 質問をしてみよう

気になったことを質問すると、会話がさらにはずむよ。聞きたいことがわからなければ、「楽しそうだね」などと共感の気持ちを伝えるのもOK！

聞き上手さんってモテるモモ～

マナミンMEMO

顔を見て　あいづち打てば　聞き上手
会話はずんで　心もはずむ

第6章 コミュニケーション編

自分の意見をおしつけない

ねー花子ー
こないだ買った
BABY PUNKSの
DVD見ない？

えー
やだよ、
つまんないもんっていうか、
あのバンドって
パクリじゃん！
マナミンって
全然わかってないね

なーしー

ギャグモォォ

なんでそんなひどいこと言うのよ！
しょうがないじゃん
本当のことだし！

好きなものは
人それぞれでしょ!!
すこしは相手の気持ちも
考えなさいー!!

またケンカ
しちゃった…
わたしって全然
ダメだな…

ケンカ…

仲良し

マナミンはいつのまにか
花子の先生じゃなくて
友だちになったモモね〜

え？

そっかー
友だち…
地球から帰るまえに
仲直りしなくちゃ…

いろいろな考え方を受け入れよう

しゅみや好きなものは人それぞれ

好きなものは人それぞれちがうよ。自分が好きじゃなくても、けなしたらダメ！

意見が食いちがうこともある

いろんな意見があってあたりまえ。自分の意見がすべてではないことを理解しよう。

相手の意見も尊重する

自分の意見を一方的に言うだけではダメ。相手の意見も自分の意見も尊重しながら、解決策を見つけよう。

相手の気持ちを想像してみよう！

友だちを怒らせてしまったら

なぜ相手が怒ったのか、すこし考えてみよう。相手とわかりあえるヒントになるよ。

友だちを傷つけてしまったら

自分も言われたらイヤなことを言ってしまっていないかな？　言いすぎたら、素直に謝ろう！

相手の気持ちを想像するためには、相手の立場になってみることが大切モモ〜

モジ子ちゃん、一番好きな仏像って？

弥勒菩薩半跏思惟像ヨ。あの柔和な顔が好きなのデス。

マナミンMEMO

それぞれの好みや考え尊重しみんな友だちさらに仲良し

Let'sシミュレーション！
こんな子がいたらどう思う？

勝負に勝ったとき

おたがいがんばったことをたたえあえると、気持ちがいいね。

いばったり、負けた相手をばかにしたりするのはよくないよ。

勝負に負けたとき

くやしい気持ちは心にとどめて、気持ちよくおわらせよう。

くやしいからと相手やモノにやつあたりするのはよくないよ。

こういう態度を"スポーツマンシップ"って言うのよね～

勝っても負けても、正くんの正々堂々とした態度はマネしたいモモ～

LESSON
くやしい気持ちをコントロールしてみよう！

でもさ、"負けてくやしい"気持ちって悪いことじゃないよね？

くやしくて、ふてくされるのはダメ。気持ちをコントロールできるようになろう！

深呼吸してみる

カーッとなったら、深呼吸してみよう。大きく息を吸い込んで吐き出せば、不思議と気持ちが落ちつくよ。

すぐに勝者をたたえる

くやしい気持ちはおさえて、まずは勝った人に「おめでとう」と言ってみよう。

マナミンMEMO

じまんせず　怒らず
わめかず　さわやかに
ゲームを楽しむ
これぞ勝者（ウィナー）

"負け"は失敗ではない

負けちゃったけど　やっぱりサッカー楽しいな

負けることは失敗ではないから、勝ち負けだけにこだわらず、勝負を楽しもう！

正くんのスポーツマンシップ、かっこいいなあ！　ぼくもがんばるぞ〜

第6章 コミュニケーション編

みんなと仲良くしよう！

みんなと仲良くするには？

ひとりぼっちの子がいたら声をかけてあげる

自分から「友だちになって」と言えない子もいる。「いっしょに遊ぼう！」と声をかけたらきっと喜ぶよ。

悪口を言わずに、いいところを探そう

だれにだっていいところはある。いいところを言われれば、イヤな気持ちにはならないよ。

素直に「ごめんなさい」「ありがとう」を言う

「ごめんなさい」「ありがとう」が素直に言えると、グンと仲良くなれる（22〜24ページも読んでね）。

仲間はずれにしない

気があう子、あわない子がいるのはあたりまえだけど、仲間はずれにするのはいじめだよ。

ちがうクラスの子とも遊ぶ

「ちがうクラスだから遊ばない」なんておかしいよね。人をグループ分けせずに、いろんな子と仲良くしよう。

ケンカしたら「仲直りしたい」サインを送る

友だちがまだ怒っているときは、雑談で話しかけるなど、仲直りのサインを送ってみて。

借りたものはちゃんと返す

借りたものは忘れずに返そう。相手は、「返して」って言えずにヤキモキしているかも。

お金の貸し借りはしない

お金の貸し借りはトラブルのもと!「100円くらいならいいか」なんて考えないで、絶対にやめようね。

花子はガサツだけど、心がやさしいのよね!

ガサツばっかり言うなー!

マナミンMEMO

悪口を
言わずにいいとこ探したら
仲良し友だち　増えていく

こんなときは ていねいに話そう

まずは「〜です」「〜ます」を使った話し方を心がけるモモ！

初対面の人と話すとき

目上の人と話すとき

質問に答えるとき

お願いしたり、なにかを頼んだりするとき

なにかをたずねるとき

こんなときはなんて言うの？

Q1 デパートで買いもののとちゅう、トイレに行きたくなっちゃった！　なんて言う？

① 「トイレはどこですか？」

② 「トイレどこ？」

③ 「もれそう！トイレまで連れてって！」

正解は 1 「トイレはどこですか？」
急いでいるときでも、お店の人に話しかけたり、なにかを人にたずねたりするときには、ていねいな言葉づかいをしよう。

Q2 家の電話に出たら、お母さんの友だちからで、お母さんあての電話だったよ。なんて言う？

① 「母ですね、少々お待ちください」

② 「あー、おばちゃん！元気してる？」

③ 「はいはい、ちょっと待ってね～」

正解は 1 「母ですね、少々お待ちください」
目上の人だからというだけでなく、顔が見えない電話では、ふだんよりもていねいな言葉づかいをするのが好ましいよ。

ていねいな言葉づかいって、聞くほうも気持ちがいいモモね〜

Q3 エレベーターで降りる階に到着。でも、まえに人がいて降りられない！ こんなとき、なんて言う？

1 「ちょっと、じゃまだってば！」
2 「すみません。通していただけますか？」
3 仕方ないからあきらめる。

正解は 2

「すみません。通していただけますか？」
なにかをお願いするときはていねいな言葉づかいで。さらに、この場合は見知らぬ人に対してのお願い。ていねいに伝えることでトラブルにもなりづらいよ。

Q4 図書館で探している本が見つからないときは？

1 「"マナーと礼儀"っていう本、どこにあるの？」
2 「"マナーと礼儀"っていう本、持ってきてくれる？」
3 「"マナーと礼儀"という本はどこにありますか？」

正解は 3

「"マナーと礼儀"という本はどこにありますか？」
多くの人がいる公共の場で質問するときも、ていねいな言葉を使おう。礼儀正しくすることで、答える側も気持ちよく対応してくれるよ。

いろいろな 敬語

敬語は、"相手を尊敬する気持ち"をあらわす言葉のこと。同じ意味でも目上の人などと話すときには、友だちと話すときの言い方と変えたほうがいい言葉があるのよ。

「食べる」 ➡ めしあがる

「言う」 ➡ おっしゃる

「くる」 ➡ いらっしゃる

「行く」 ➡ うかがう

―― ほかにも、こんな敬語があるよ ――

- 見る ➡ ご覧になる
- いる ➡ いらっしゃる
- 知っている ➡ ご存知である
- 着る ➡ おめしになる
- 聞く ➡ お聞きになる
- する ➡ なさる
- くれる ➡ くださる
- 読む ➡ お読みになる
- 会う ➡ お会いになる

家族に伝えるって大事だね!

お母さん ちょっとお話 いいですか?

なあに? マナミン

……そう… お星さまに 帰っちゃうのね…

マナー星です

いろいろ お世話に なりました

マナミンと モモちゃんが いなくなるなんて

さみしいわ—

でも、いつでも もどってきてね!

お母さん

花子には 話したの?

それが、なかなか 話せなくて…

どぼどぼどぼ

うわさを すれば 帰ってきたわね

ただいま—

ただいま～ お母さん、これ 学校のお知らせ～

あら ありがとう!

花子、えらいわ!! 忘れずにお知らせ わたすなんて!

Let's シミュレーション！
伝えないとどうなる？

こまったこと	学校からのお知らせ
こまったことを自分だけで抱えていると、**もっとこまってしまう**かもしれない。	お知らせを伝えないと、**家の人だけじゃなく、自分もこまる**ことがあるよ。

「報・連・相」を大切に！

 報告 その日あった出来事を伝えよう

今日はどんなことがあったか、家の人に伝えよう。うれしいこと、大変だったことなども伝えると、家の人は安心するよ。

 連絡 お知らせや、予定の変更などを伝えよう

学校からのお知らせをわたし、きちんと予定を伝えると、家の人も準備ができるね。予定が変わったときもかならず伝えよう。

 相談 こまったことや判断できないことを話してみよう

こまったり、自分ではどうしたらいいかわからないことがあったりしたら、思い切って家の人に打ち明けてみると、解決策がわかるかも！

報・連・相は、大人になってからも大切モモ！

マナミンMEMO

日ごろから　なにかあったら
報・連・相　家族は安心　キミ楽チン

第6章 コミュニケーション編

Let's シミュレーション！

うそつきくんと約束やぶりさん

うそつきくん	約束やぶりさん

うそをつくと、
信頼されなくなる

約束をやぶると、
信頼されなくなる

信頼されるってなんで大事？

うそつきや約束をやぶる人とは、あまりかかわりたくないよね

それってつまり、信頼できるかできないか、よね

信頼って人間関係を築くのに大切なんだモモ！

信頼されると…

まわりの人から期待が集まる

リーダーに抜てきされたり、友だちから相談されたりするなど、まわりから期待が寄せられるよ。

よいチームワークが生まれる

信頼関係ができると、みんなでなにかにとりくむときにも、団結力が生まれるよ。

正くんのような人を"人望が厚い"って言うんだよな〜

マナミンMEMO

友だちと 信頼関係 築ければ
パワーもりもり 楽しさ100倍

スマホやパソコンを使うときの注意

個人が特定できる画像をのせない

画像から、個人が特定できたり位置情報がわかったりする場合もあるよ。

利用時間を守る

使いすぎると、スマホやパソコンを手放せない「依存症」になるかも。

お金がかかっていないか確認

無料ゲームでも、とちゅうから料金がかかる場合もあるから気をつけよう。

公共の場ではマナーモードに

電車内など公共の場では、"マナーモード"に。電車内では通話もNG。

添付ファイルはいきなり開かない

個人情報がもれたり、パソコンが動かなくなったりすることもあるよ。

個人情報を書き込まない

名前や住所など個人情報を悪用する人たちがいるよ。

人の悪口を書き込まない

顔が見えないからといって他人をキツイ言葉で批判するのはやめよう。

信じられる情報なのか考える

うその情報も多いから、正しいかどうかを考える習慣をつけよう。

LINE や SNS とのつきあい方

大切なことは言葉で直接伝えるようにする

文字だけでは誤解が生まれることも。大切なことは直接話すようにしよう。

知らない相手からの友だち申請やメールは無視する

情報が悪用されたり、犯罪に巻き込まれたりしてしまうこともあるよ。

グループチャットは発言が過激になりやすいから注意

「いじめ」のような状態になってしまうことも。

インターネットには危険もあることを理解して、節度をもって楽しもうね！

おわりに

社会にはたくさんのマナーや礼儀があります。それぞれの場面でいろいろなマナーや礼儀があって、「こんなに覚えられないよ！」と思った人もいるかもしれませんね。

とは言え、マナーや礼儀の基本は「まわりの人がイヤな気持ちにならないかな？」と思いやる気持ちです。完ぺきにできなくても、思いやりを持った行動なら、きっとまわりに伝わります。そして、上手にマナーを守ったり、礼儀正しくしたりできれば、まわりの人とうまくやっていけるようになります。

「でも、どうしてまわりとうまくやらないといけないの？」

それは、人がひとりでは生きていけないからです。考えてみてください。家の中には自分以外の家族がいて、学校に行けば友だちや先生がいて、電車に乗れば、大勢の知らない人が乗っていますよね。

そのなかで、みんなが自分勝手にさわいだり、あばれたりしていてはこまります。自分ひとりで生きていこうと思っても、できるものではないのです。

みんなで生きていくための、ちょっとした思いやりが、この本で紹介しているマナーだったり礼儀だったりします。日々、ひとりひとりがそのマナーを守り、礼儀正しくすることでだれもが気持ちよく過ごせる世の中にしていけたらいいですね。

監修　辰巳渚

監修 辰巳 渚（たつみ なぎさ）

生活哲学家。文筆業のほかに、一般社団法人生活哲学学会代表、株式会社家事塾代表として、生活に関する講座の運営や企業の商品開発協力などを行う。130万部のベストセラーとなった『「捨てる！」技術』（宝島社）や、『おてつだいの絵本』（金の星社）、『子どもを伸ばす毎日のルール』（岩崎書店）など著書多数。

イラストレーター 池田 圭吾（いけだ けいご）

愛知県出身。多摩美術大学グラフィックデザイン専攻卒業。キャラクターイラストやマンガなどを中心に活動する。著書に『全力ウサギ「キャラクターブック全6巻／アニメDVD全7巻」』（KADOKAWA／メディアファクトリー）などがある。

編集・執筆	引田 光江（スタジオダンク）、大勝 きみこ
デザイン	佐藤 明日香（スタジオダンク）
校正	岡野 修也

図書館版
大人になってこまらない マンガで身につく
マナーと礼儀

初 版 発 行　2016年12月
第3刷発行　2021年11月

監　　修	辰巳 渚
マンガ・イラスト	池田 圭吾
発 行 所	株式会社 金の星社 〒111-0056 東京都台東区小島1-4-3 電話03-3861-1861（代表） FAX03-3861-1507 振替00100-0-64678 http://www.kinnohoshi.co.jp
印刷・製本	図書印刷 株式会社

144P　21.6cm　NDC379　ISBN978-4-323-05332-5

©Nagisa Tatsumi,Keigo Ikeda,Studio dunk 2016
Published by KIN-NO-HOSHI SHA Co.,Ltd, Tokyo Japan

乱丁落丁本は、ご面倒ですが、小社販売部宛にご送付ください。
送料小社負担にてお取り替えいたします。

JCOPY 出版者著作権管理機構 委託出版物
本書の無断複写は著作権法上での例外を除き禁じられています。複写される場合は、そのつど事前に出版者著作権管理機構（電話 03-3513-6969、FAX 03-3513-6979、e-mail: info@jcopy.or.jp）の許諾を得てください。
※本書を代行業者等の第三者に依頼してスキャンやデジタル化することは、たとえ個人や家庭内での利用でも著作権法違反です。

図書館版
大人になってこまらない
マンガで身につく シリーズ

第1期 全2巻
- NDC379
- A5判／144ページ
- 図書館用堅牢製本

ユーモアあふれるマンガで、生活に必要な技術や心がまえを身につけられる、辰巳渚監修による実用書シリーズ。「片づけ」や「礼儀作法」が苦手な主人公たちが、レッスンを通じてみるみる生まれ変わっていきます！

図書館版 大人になってこまらない
マンガで身につく
整理整頓

図書館版 大人になってこまらない
マンガで身につく
マナーと礼儀

■ シリーズ続刊も大好評!!

[第2期 全2巻]

[第3期 全2巻]

監修：菅原 洋平　　監修：相川 充　　監修：金子 大輔　　監修：遠藤 美季